LEMERCIER DE NEUVILLE

LES BAVARDES

DIALOGUE POUR L'ENFANCE

Prix : 1 franc

PARIS

LIBRAIRIE THÉATRALE

14, RUE DE GRAMMONT, 14

1889

LES BAVARDES

DIALOGUE POUR L'ENFANCE

IMPRIMERIE GÉNÉRALE DE CHATILLON-SUR-SEINE, A. PÉPIN.

LES BAVARDES

DIALOGUE POUR L'ENFANCE

PAR

LEMERCIER DE NEUVILLE

PARIS

LIBRAIRIE THÉATRALE

14, RUE DE GRAMMONT, 14

—

1889

FRANÇOISE, de 8 à 12 ans.
MARGOT   id.

Ce dialogue est extrait du volume *Les Enfants au salon*, du même auteur.

LES BAVARDES

FRANÇOISE, MARGOT, vêtues en cuisinières, un panier
sous le bras.

FRANÇOISE.

Tiens! vous voilà, Margot? D'où venez-vous comme
ça?

MARGOT.

Ah! c'est vous, Françoise? Je reviens du marché.

FRANÇOISE.

C'est comme moi! Nous avons du monde à la maison : un grand dîner, ma chère! Je n'ai pas une mi-
nute à perdre aujourd'hui.

MARGOT.

Moi non plus ! C'est aujourd'hui la fête de Madame, et on met les petits plats dans les grands. Êtes-vous de sortie dimanche prochain ?

FRANÇOISE.

Oui, c'est mon jour ! Si vous voulez, nous passerons la journée ensemble, et nous causerons !

MARGOT.

Avec plaisir ! Adieu, Françoise !

Elle s'éloigne.

FRANÇOISE.

Adieu, Margot ! (Elle feint de s'éloigner, puis s'arrête.) A propos...

MARGOT, s'arrêtant.

Quoi ?

FRANÇOISE.

Vous ne savez pas ce qui m'arrive ? Je vais peut-être quitter ma place...

MARGOT.

Vraiment ! Contez-moi donc ça !

FRANÇOISE.

Oh ! c'est toute une histoire ! A la maison, il y a deux petits garçons, très mal élevés, qui sont tou jours fourrés à la cuisine ; je les renvoie d'un côté, ils reviennent de l'autre ; ils sont gourmands et touchent à tout ; j'ai beau me plaindre à Madame, elle ne fait qu'en rire et les trouve charmants. Moi, je ne puis pas les sentir ! Ils le savent bien : aussi sont-ils continuellement à me faire des niches. L'autre jour, nous avions à dîner leur précepteur, et, pour lui faire honneur, on m'avait commandé un petit plat : des beignets aux pommes...

MARGOT.

Je les aime beaucoup !

FRANÇOISE.

Moi aussi ! Mais, avec les enfants, il n'en revient jamais à la cuisine ; aussi, j'en garde toujours deux ou trois pour moi. Toute la journée, les moutards avaient été sur mon dos ! Ils avaient voulu éplucher les pommes ; je les avais laissés faire pour avoir la paix. De temps en temps, ils en mangeaient des morceaux, sous prétexte qu'ils étaient gâtés ; je n'y avais pas fait attention. Moi, je m'occupais de mon dîner. Je dressais les hors-d'œuvres : le beurre, les olives, les saucissons ; je parais mes plats et je préparais ma pâte à beignets. L'heure s'avançait, mais j'étais prête. — Je voyais bien mes espiègles ricaner derrière mon dos, mais j'y étais habituée et je les laissais faire. Enfin, ma table est mise, le précepteur arrive, et le dîner commence. — A peine ai-je enlevé

le potage, voici qu'un violent coup de sonnette me
rappelle ! — J'accours, Madame me dit : — Eh bien,
Françoise ! et les saucissons ? — Mais, Madame, je
les ai mis sur la table. — Vous voyez bien qu'ils n'y
sont pas ! — Je veux m'expliquer ; mais avec les
maîtres, surtout quand il y a du monde, il n'y a rien
à dire. — Cependant, j'étais bien sûre de ne les avoir
pas oubliés.

MARGOT.

Les enfants les avaient mangés !

FRANÇOISE.

Non ! vous allez voir ! — Le dîner s'avance ; j'ap-
porte le rôti et la salade et je m'apprête à faire mes
beignets, quand tout à coup ma lampe s'éteint. Je
n'avais plus d'huile — impossible d'aller en chercher ;
— et comme Madame met tout sous clef, je ne puis
pas même me procurer un bout de bougie, mais mon
fourneau m'éclairait un peu. Je me hâte, je prends
l'assiette où j'avais mis mes ronds de pomme et les
jette dans la pâte. En un clin d'œil, mes beignets
sont prêts ; je les couvre de sucre et je sers.

MARGOT.

Vous en aviez gardé pour vous ?

FRANÇOISE.

J'étais si préoccupée que je n'y avais pas pensé ! —
Alors, comme je remuais à tâtons toutes mes buret-

tes, pour voir s'il ne me restait pas un peu d'huile pour rallumer ma lampe, voici qu'un coup de sonnette furibond me fit bondir ! J'accourus dans la salle à manger. — Qu'est-ce que c'est que ça ? me dit Madame, en me montrant le plat de beignets... — Ça, Madame ! ce sont les beignets ! — Des beignets au saucisson ! ! me cria-t-elle en me faisant des yeux furieux. — J'étais anéantie ! Les gamins riaient : c'étaient eux qui avaient fait le tour ! Ils avaient mangé les pommes et saupoudré de farine mes ronds de saucisson. — Je n'y avais rien vu ! — Alors, après le dîner, quelle scène, ma chère ! Elle m'a donné mes huit jours ! — Je sais pourtant que les enfants ont avoué ; aussi Madame ne parle-t-elle plus de mon départ. Mais aujourd'hui nous avons dix personnes à dîner : il ne faudra pas que je fasse une faute, car je serais chassée le soir même !

MARGOT.

Vous vous plaignez des petits garçons ! mais les petites filles, c'est bien pis !

FRANÇOISE.

Au moins, celles-là ne vont pas à la cuisine !

MARGOT.

Si, comme les autres ! Elles m'ont fait un jour un tour pendable !

FRANÇOISE.

Vous avez donc des petites filles chez vous ?

MARGOT.

Il y en a deux, de huit et dix ans. Leur mère est morte et le papa les gâte. — Un jour, je m'étais assise dans ma cuisine et je plumais un poulet. Elles étaient venues s'asseoir près de moi, sous prétexte de ramasser les plumes. Moi, toute à ma besogne, je ne faisais pas attention à elles et je chantais une chanson de mon pays, en pensant que j'aurais bien mieux fait de rester au village, auprès de mes parents, plutôt que de venir chercher fortune à Paris. Les petites, les plumes en main, me laissent, au bout d'un moment, chanter et rêver à mon aise. Mais, quand je voulus me lever, impossible ! Les petites mâtines n'avaient-elles pas cousu ma robe aux barreaux de ma chaise ! On n'a pas idée de ces malices-là ! J'ai mis plus d'une heure à me découdre ! Mon dîner a été en retard et j'ai été grondée.

FRANÇOISE.

Quand je me replacerai, ce sera dans une maison où il n'y aura pas d'enfants.

MARGOT.

Et moi aussi.

FRANÇOISE.

Et cependant je n'aime pas à changer ; je suis très dévouée à mes maîtres.

MARGOT.

C'est comme moi! je n'en dis jamais de mal! D'abord, Monsieur est très bon; il ne me gronde jamais; mais c'est un tatillon, il a des manies : il veut retrouver toutes les choses à leur place. Quand je fais sa chambre, si j'ai le malheur de déranger sa tabatière ou ses pantoufles, il ronchonne toute la journée.

FRANÇOISE.

Moi, chez nous, je n'ai affaire qu'à Madame, qui est très bonne ! Enfin, ma chère, elle aurait bien pu me renvoyer tout de suite pour ces affreux beignets aux saucissons : elle ne l'a pas fait ; c'est gentil de sa part, et je lui en sais gré. C'est bien dommage qu'elle soit si avare ! Elle couperait un liard en quatre. Elle mesure le beurre après chaque repas et compte les pruneaux.

MARGOT.

C'est pour les enfants !

FRANÇOISE.

Peut-être bien ! Mais elle ne s'achèterait pas une robe ! Oui, ma chère ! elle a un peignoir si usé ... que je ne voudrais pas le porter ! Et quand elle ne le mettra plus, elle ne me le donnera pas ; elle s'en fera des doublures !

MARGOT.

Est-ce possible, ma chère ? Ah ! il y a bien peu de bons maîtres !

FRANÇOISE.

Comme vous dites, ma chère ! Cependant, il faut leur être dévouées quand même.

MARGOT.

Assurément, ma chère ! mais ils ne nous en savent aucun gré ! Moi, dans le temps, j'ai servi chez une vieille dame, qui était impotente ; j'étais obligée de la faire manger, de la moucher, de l'habiller, de la rouler dans son fauteuil. Il n'y avait pas quinze jours que j'étais chez elle, qu'elle vint à mourir ! Eh bien ! croiriez-vous, ma chère, qu'elle ne m'a rien laissé sur son testament ?... Et ses neveux, qui héritaient ont fait encore des façons pour me payer tout mon mois !

FRANÇOISE.

Les maîtres sont des ingrats ! oui, ma chère, des ingrats ! Quand je suis arrivée à Paris, je ne savais pas la cuisine ; je me suis placée chez un restaurateur... pour apprendre. Eh bien, pendant un an que je suis restée chez lui, je n'ai pas approché une seule fois des fourneaux : on m'envoyait promener le petit, comme une bonne d'enfants ; oui, ma chère ! Et je n'avais pas de gages ! j'étais là pour ma nourriture !

Aussi, je n'ai pas voulu rester dans une boîte pareil-
le ! Je suis entrée chez des petits rentiers qui dînaient
au restaurant. Madame me donnait de l'argent pour
mes repas. Alors, j'ai acheté un livre, et c'est comme
ça que j'ai appris la cuisine. Je me faisais des petits
plats. Madame s'est aperçue de cela et m'a grondée
en me disant que j'étais une gourmande, que je de-
vrais bien mieux placer mon argent plutôt que de le
manger en fricots ! Je l'ai plantée là ! ...

MARGOT.

Vous avez joliment bien fait, ma chère ! Ah !
c'est un drôle de monde ! Moi, je ne peux pas souf-
frir une maîtresse insolente ; je la remets à sa place
tout de suite. Une fois, une de mes maîtresses m'a
appelée bécasse !

FRANÇOISE.

Bécasse ! en voilà un nom !

MARGOT.

Oui, ma chère, bécasse ! Alors, je lui ai répondu :
Eh bien, Madame, vous ne devez pas être fâchée
d'avoir une bécasse dans votre maison, car il n'en
paraît pas souvent sur votre table !

FRANÇOISE.

Bien envoyé !

MARGOT.

Et c'était vrai ! Dans cette maison-là, on ne man-

geait que du bœuf : — bœuf nature le jour du pot-
au-feu, bœuf à l'huile le lendemain ; et, les jours
suivants : bœuf aux oignons, bœuf aux tomates,
boulettes de bœuf ; c'était à dégoûter l'estomac le
mieux conditionné. Je ne suis pas restée longtemps
dans cette place-là !...

FRANÇOISE.

Non ! voyez-vous, ma chère, les maîtres ne savent
pas ce que nous valons ! Ils se figurent que, parce
qu'ils nous paient, ils sont quittes envers nous. Moi,
d'abord, j'exige de la politesse !...

MARGOT.

Vous avez raison, ma chère ! Moi, j'exige des
égards, parce qu'enfin c'est déjà assez pénible d'être
en service, si on n'est pas récompensé par de la bien-
veillance.

FRANÇOISE.

C'est que, du matin jusqu'au soir, il faut travailler
sans s'arrêter !

MARGOT.

Pendant ce temps, les maîtres sortent et vont se
promener !

FRANÇOISE.

Et nous n'avons qu'un jour par mois pour cela,
nous autres !

MARGOT.

C'est révoltant ! Aussi, je me suis bien promis, si je quittais un jour ma place, de faire mes conditions.

FRANÇOISE.

Je ferai comme vous !

MARGOT.

D'abord, je veux sortir tous les huit jours.

FRANÇOISE.

Ce n'est pas trop !

MARGOT.

Puis je veux, au moins deux fois par semaine, avoir ma soirée libre pour aller au théâtre.

FRANÇOISE.

C'est.

MARGOT.

Une heure de repos le matin, pour lire le *Petit Journal.*

FRANÇOISE.

Très bien !

MARGOT.

Enfin, qu'on me permette de mettre un piano dans ma cuisine.

FRANÇOISE.

Est-ce que vous savez en jouer ?

MARGOT.

Non! mais j'apprendrai ! Voilà ce que je veux !
Et si, toutes, nous nous entendions, nos maîtres se-
raient forcés de céder !... Allons ! au revoir, Françoise !

FRANÇOISE.

Au revoir, Margot ! à dimanche !

MARGOT.

A dimanche! (A part.) Sapristi ! je vais être en retard pour mon diner ! Tant pis ! Madame attendra !

Elles sortent, l'une à droite, l'autre à gauche.

FIN

PIÈCES POUR L'ENFANCE

	Garçons.	Filles.	Pers.	
Les Bavardes.	»	2	1	»
La Cigale et la Fourmi	»	2	1	»
Les deux Gascons.	2	»	1	»
Les deux Moineaux	1	4	1	»
L'Ecole buissonnière	2	»	1	»
Fiancés en herbe	1	1	1	»
Five O'clock tea	»	2	1	»
Une grave affaire	2	2	1	»
Nô!.	2	»	1	»
Pensum (charade)	1	2	1	»
Petite Maman	»	4	1	»
Le Petit Monde.	1	2	1	»
La petite Princesse	»	2	1	»
Les petits ambitieux	1	1	1	»
Les petits révoltés	1	3	1	»
Quand nous serons grandes !	»	3	1	»
Le Renard et le Corbeau.	2	»	1	»
Rêves d'avenir.	2	»	1	»
Les Révoltes de Liline.	»	2	1	»
Vive le Général !	2	4	1	»

Imprimerie générale de Châtillon-sur-Seine. — M. Pichat.